CUISINER LE SANGLIER

Valéry Drouet et Pierre-Louis Viel

CUISINER LE SANGLIER

50 RECETTES

GERFAUT

SOMMAIRE

RECETTES

SOMMAIRE

ACCOMPAGNEMENTS

RECETTES

SANGLIER EN COCOTTE AUX FRUITS SECS ET AUX ÉPICES

Pour **4 personnes** / Préparation **30 min** / Cuisson **2 h 45**

1,2 KG D'ÉPAULE DE SANGLIER COUPÉE EN GROS MORCEAUX
3 CM DE GINGEMBRE FRAIS
2 OIGNONS JAUNES
3 GOUSSES D'AIL
1 C. À S. DE GRAINES DE CORIANDRE
1 C. À S. DE GINGEMBRE EN POUDRE
2 PINCÉES DE CURCUMA
½ C. À C. DE CANNELLE EN POUDRE
1 C. À C. DE CUMIN EN POUDRE
5 CL D'HUILE D'OLIVE
2 GROSSES C. À S. DE MIEL LIQUIDE
50 G DE GROS RAISINS SECS BLONDS
4 ABRICOTS SECS MOELLEUX
4 FIGUES SÉCHÉES MOELLEUSES
4 PRUNEAUX DÉNOYAUTÉS
100 G D'AMANDES ENTIÈRES
2 BRANCHES DE CORIANDRE
SEL, POIVRE DU MOULIN

À DÉGUSTER

avec un coteaux-d'aix-en-provence

1. Préchauffez le four à 160 °C (th. 5-6). Épluchez et râpez le gingembre frais. Épluchez et hachez les oignons et les gousses d'ail. Broyez grossièrement les graines de coriandre en les écrasant dans un bol avec un pilon. Ajoutez ensuite le gingembre en poudre, le gingembre râpé, le curcuma, la cannelle et le cumin.
2. Saisissez les morceaux de sanglier dans l'huile d'olive 5 minutes sur toutes leurs faces, dans une grande cocotte sur feu vif. Salez et poivrez.
3. Retirez la viande de la cocotte. Baissez le feu et mettez les oignons et l'ail. Faites-les rissoler 6 à 8 minutes en remuant régulièrement. Ajoutez le mélange d'épices. Laissez roussir 2 minutes, puis remettez la viande. Arrosez le tout de miel.
4. Augmentez le feu. Laissez légèrement caraméliser, puis ajoutez de l'eau froide à hauteur de la viande. Portez à ébullition, couvrez la cocotte et enfournez pendant 1 heure 30 sans l'ouvrir.
5. Sortez la cocotte du four. Ajoutez tous les fruits secs et mélangez. Enfournez à nouveau pendant 45 minutes.
6. Pendant ce temps, torréfiez les amandes quelques minutes dans une poêle chaude sans matière grasse. Ciselez la coriandre.
7. Retirez le couvercle de la cocotte et poursuivez la cuisson pendant 15 minutes.
8. Sortez la cocotte du four. Couvrez et laissez reposer 15 minutes. Parsemez d'amandes et de coriandre et servez accompagné d'une semoule.

GRATIN DE PATATES DOUCES ET DE SANGLIER AU VIN ROUGE

Pour **4 personnes** / Préparation **20 min** / Cuisson **2 h 15**

1 KG DE VIANDE DE SANGLIER
2 OIGNONS
1 GROSSE CAROTTE
5 CL D'HUILE D'OLIVE
1 C. À S. DE FARINE
75 CL DE VIN ROUGE
30 CL DE FOND DE VEAU
800 G DE PATATES DOUCES
15 CL DE LAIT CHAUD
90 G DE BEURRE
1 C. À S. DE CRÈME FRAÎCHE ÉPAISSE
2 C. À S. DE CHAPELURE
2 BRANCHES DE THYM
SEL, POIVRE DU MOULIN

—

À DÉGUSTER

avec un fronsac rouge

1. Coupez la viande en gros morceaux. Épluchez et émincez les oignons. Épluchez, lavez et coupez la carotte en petits morceaux.
2. Saisissez la viande dans l'huile d'olive 5 minutes dans une cocotte sur feu vif. Ajoutez les oignons et la carotte. Laissez-les fondre 10 minutes sur feu moyen en remuant. Ajoutez la farine, du sel et du poivre, et laissez roussir 2 minutes en remuant. Versez le vin, puis portez à ébullition. Ajoutez le fond de veau, le thym du sel et du poivre. Portez à nouveau à ébullition. Baissez ensuite le feu, couvrez la cocotte, et laissez mijoter 2 heures sur feu doux.
3. Épluchez, lavez les patates douces, puis coupez-les en morceaux. Faites-les ensuite cuire 30 minutes dans une grande casserole d'eau bouillante salée.
4. Égouttez les patates douces. Ajoutez le lait, 60 g de beurre et mixez le tout à l'aide d'un robot plongeant. Ajoutez la crème fraîche, du sel et du poivre. Mélangez pour obtenir une purée onctueuse.
5. Préchauffez le four à 190 °C (th. 6-7). Vérifiez la cuisson de la viande (elle doit être filandreuse) et égouttez-la. Laissez-la tiédir, puis effilochez-la à la main. Sortez les oignons et mélangez-les avec la viande en ajoutant un peu de sauce.
6. Disposez la viande et les oignons dans le fond d'un plat à gratin. Étalez la purée par-dessus, puis parsemez la surface de chapelure et du beurre restant en copeaux. Enfournez pendant 20 minutes, jusqu'à ce que la surface soit gratinée.
7. Servez bien chaud. Vous pouvez également réaliser cette recette avec un reste de civet.

Filets de sanglier en croûte de poivre et au sirop d'érable, mousseline de céleri au beurre salé

Pour **4 personnes** / Préparation **40 min** / Cuisson **55 min**

700 G DE FILETS DE SANGLIER
15 G DE POIVRE DU SICHUAN BROYÉ
5 CL D'HUILE DE TOURNESOL
20 TRANCHES DE POITRINE FUMÉE
800 G DE CÉLERI-RAVE
10 CL DE SIROP D'ÉRABLE
80 G DE BEURRE SALÉ
1 C. À S. DE CRÈME FRAÎCHE ÉPAISSE
4 BRINS DE CIBOULETTE
SEL

À DÉGUSTER

avec un saumur rouge

1. Nettoyez les filets. Salez-les, roulez-les dans le poivre, puis faites-les saisir dans une cuillère à soupe d'huile de tournesol 1 minute dans une poêle sur feu vif. Enroulez les tranches de poitrine fumée autour des filets entiers en les chevauchant puis ficelez-les en serrant légèrement.
2. Préchauffez le four à 200 °C (th. 6-7). Épluchez et lavez le céleri, puis coupez-le en morceaux. Faites-le ensuite cuire 30 minutes dans une grande casserole d'eau bouillante salée.
3. Déposez les filets dans un plat en métal allant au four et sur la flamme. Versez dessus le reste d'huile et le sirop d'érable. Enfournez pendant 10 minutes.
4. Baissez la température du four à 180 °C (th. 6) et poursuivez la cuisson pendant 15 minutes.
5. Égouttez le céleri. Mettez les morceaux dans la cuve d'un robot, ajoutez le beurre et réduisez le tout jusqu'à l'obtention d'une purée onctueuse. Débarrassez la purée dans un récipient, ajoutez la crème fraîche épaisse et mélangez. Réservez ensuite la purée au chaud en la plaçant au bain-marie.
6. Sortez les filets du four. Enveloppez-les dans une feuille de papier aluminium et laissez-les reposer 10 minutes.
7. Dégraissez légèrement le plat de cuisson en le faisant chauffer 3 minutes sur feu moyen, en prenant soin de ne pas faire brûler le sirop d'érable.
8. Versez ensuite 15 cl d'eau et faites réduire en grattant bien le fond avec une spatule en bois.
9. Ciselez la ciboulette. Retirez les ficelles des morceaux de filets, coupez le filet en tranches épaisses. Ajoutez un peu de mousseline, versez le jus et parsemez de ciboulette.

Cuissot de sanglier de sept heures aux aromates

Pour **6 personnes** / Préparation **30 min** / Cuisson **7 h**

2 KG DE CUISSOT DE SANGLIER SANS L'OS
2 CAROTTES
1 BRANCHE DE CÉLERI
2 TOMATES
2 OIGNONS
1 TÊTE D'AIL
1 C. À S. D'HUILE D'OLIVE
1 BOUQUET GARNI
3 BAIES DE GENIÈVRE
1 C. À C. DE GRAINES DE CORIANDRE
1 BRANCHE DE ROMARIN
50 CL DE BOUILLON DE VOLAILLE
40 CL DE VIN BLANC
SEL, POIVRE DU MOULIN

1 Préchauffez le four à 110 °C (th. 3-4). Épluchez les carottes, puis lavez-les et coupez-les en petits cubes. Lavez la branche de céleri et détaillez-la en petits cubes. Rincez les tomates. Pelez-les, épépinez-les, puis coupez-les en quartiers. Épluchez et hachez les oignons. Détachez les gousses d'ail sans les éplucher.

2 Dans une grande cocotte allant au four, faites chauffer l'huile d'olive. Saisissez le cuissot sur toutes ses faces 10 minutes sur feu vif. Ajoutez tous les légumes, le bouquet garni, les gousses d'ail, les baies de genièvre, la coriandre et le romarin. Salez, poivrez, puis versez le bouillon et le vin blanc. Couvrez et enfournez pendant environ 7 heures en arrosant régulièrement.

3 La cuisse est prête lorsqu'elle est bien confite. Servez-la arrosée de jus de cuisson et accompagnée d'un écrasé de pommes de terre (voir page 80).

À DÉGUSTER

avec un pommard

PARMENTIER DE SANGLIER AU GENIÈVRE

Pour **4-6 personnes** / Préparation **30 min** / Cuisson **4 h 30**

800 G DE VIANDE DE SANGLIER
2 GOUSSES D'AIL
1 OIGNON
1 C. À C. DE PAPRIKA
8 BAIES DE GENIÈVRE
15 CL DE KETCHUP
1 C. À S. DE MOUTARDE FORTE
8 CL DE VINAIGRE DE VIN ROUGE
50 G DE SUCRE CASSONADE
5 CL D'HUILE D'OLIVE
40 CL DE VIN ROUGE
1 KG DE POMMES DE TERRE
15 CL DE CRÈME LIQUIDE
15 CL DE LAIT
80 G DE BEURRE
4 C. À S. DE CHAPELURE
SEL, POIVRE DU MOULIN

À DÉGUSTER

avec un côtes-du-roussillon rouge

1 Préchauffez le four à 180 °C (th. 6). Épluchez et hachez les gousses d'ail et l'oignon. Réservez.

2 Mélangez le paprika dans un bol avec les baies de genièvre écrasées, le ketchup, la moutarde, le vinaigre, le sucre, du sel et du poivre. Réservez.

3 Coupez la viande en morceaux. Saisissez les morceaux de viande 5 minutes de chaque côté dans une cocotte, avec l'huile d'olive, sur feu vif. Une fois dorés, ajoutez l'oignon et l'ail et laissez mijoter 5 minutes sur feu moyen. Versez ensuite le contenu du bol d'épices dans la cocotte, ainsi que le vin rouge. Couvrez la cocotte et laissez mijoter 3 heures 30 sur feu très doux, en mélangeant régulièrement pendant la cuisson ; vous pouvez ajouter un peu de vin pendant la cuisson si nécessaire.

4 Pendant la cuisson de la viande, épluchez, lavez et coupez les pommes de terre en morceaux. Faites-les cuire 20 minutes dans l'eau salée. Faites chauffer la crème, le lait et 50 g de beurre dans une casserole. Une fois les pommes de terre cuites, égouttez-les et passez-les au presse-purée. Mélangez les pommes de terre et le contenu de la casserole, de manière à obtenir une purée onctueuse et assaisonnez.

5 Arrêtez la cuisson de la viande : elle doit être très fondante et le jus réduit et sirupeux. Laissez reposer la viande 15 minutes, puis effilochez-la à l'aide une fourchette.

6 Répartissez la viande et son jus dans le fond d'un plat à gratin. Déposez la purée dessus et lissez la surface avec une cuillère. Saupoudrez la purée de chapelure et parsemez avec le reste du beurre en petits morceaux. Mettez le parmentier à gratiner 30 à 35 minutes au four. Servez le parmentier aussitôt sorti du four.

BAECKEOFFE DE SANGLIER AUX POMMES DE TERRE

Pour **4 personnes** / Préparation **30 min** / Marinade **12 h** / Cuisson **3 h 30**

POUR LA MARINADE :
1,2 KG D'ÉPAULE DE SANGLIER COUPÉE EN CUBES DE 2 CM DE CÔTÉ ENVIRON
1 C. À S. DE GRAINES DE CARVI
1 C. À S. DE GINGEMBRE EN POUDRE
2 PINCÉES DE CANNELLE
1 C. À C. RASE DE POUDRE DE QUATRE-ÉPICES
½ C. À C. DE PAPRIKA
2 FEUILLES DE LAURIER
2 BRANCHES DE THYM
75 CL DE VIN BLANC
SEL, POIVRE DU MOULIN

2 OIGNONS JAUNES
3 GOUSSES D'AIL
600 G DE POMMES DE TERRE
SEL, POIVRE DU MOULIN

POUR LA PÂTE :
400 G DE FARINE
25 CL D'EAU

1. La veille, dans un grand récipient, mélangez la viande, toutes les épices, le laurier, le thym et le vin blanc. Salez et poivrez. Couvrez de film alimentaire et placez le tout 12 heures au réfrigérateur.
2. Le jour même, épluchez les oignons et les gousses d'ail. Épluchez les pommes de terre et coupez-les en rondelles.
3. Dans une très grande terrine en terre, disposez les oignons, les pommes de terre et la viande par couches. Versez la marinade par-dessus en complétant avec un peu d'eau si nécessaire (les ingrédients doivent être à peine recouverts de liquide). Couvrez la terrine avec son couvercle.
4. Préparez la pâte : mélangez la farine avec l'eau. Formez un boudin avec la pâte et posez-le sur le couvercle en suivant son contour afin de le souder.
5. Enfournez la terrine et allumez le four à 180 °C (th. 6). Laissez cuire 3 heures 30.
6. Sortez la terrine du four et laissez reposer 15 minutes avant de servir.

À DÉGUSTER

avec un pinot noir d'Alsace

Brochettes de sanglier mariné au paprika et compotée de tomates

Pour **4 personnes** / Préparation **40 min** / Marinade **6 h** / Cuisson **50 min**

750 G DE FILET DE SANGLIER COUPÉ EN CUBES DE 2 CM DE CÔTÉ
1 GROS POIVRON JAUNE
2 OIGNONS JAUNES
1 C. À S. DE PAPRIKA
1 C. À C. D'AIL DÉSHYDRATÉ
10 CL D'HUILE D'OLIVE
8 TOMATES MOYENNES
2 GOUSSES D'AIL
1 C. À C. DE SUCRE
2 BRANCHES DE THYM
SEL, POIVRE DU MOULIN

—

À DÉGUSTER

avec un côtes-de-provence rouge

1. Nettoyez et coupez le poivron en petits morceaux en carrés de 2 cm de côté. Épluchez un des deux oignons, puis détaillez-le en morceaux de la même taille.
2. Dans un grand récipient, mélangez le paprika, l'ail déshydraté et les deux tiers de l'huile d'olive. Salez, puis ajoutez les morceaux de sanglier, le poivron et l'oignon. Montez les brochettes en alternant viande et légumes. Placez-les dans un plat et mettez-les à mariner 6 heures au réfrigérateur.
3. Plongez les tomates 20 secondes dans une casserole d'eau bouillante, puis égouttez-les à l'aide d'une écumoire. Pelez-les, épépinez-les et concassez-les grossièrement. Épluchez et hachez le second oignon et les gousses d'ail.
4. Faites fondre l'oignon et l'ail dans le reste d'huile d'olive 5 minutes dans une casserole sur feu moyen. Ajoutez les tomates, le sucre et le thym. Salez et poivrez, puis poursuivez la cuisson 30 minutes sur feu moyen.
5. Au dernier moment, faites griller les brochettes au barbecue ou à la poêle 5 à 8 minutes, selon la cuisson désirée. Servez avec la compotée de tomate (voir page 80).

Carbonade de sanglier

Pour **4 personnes** / Préparation **30 min** / Cuisson **3 h 15**

1,2 KG DE VIANDE DE SANGLIER COUPÉE EN MORCEAUX
2 GROS OIGNONS JAUNES
3 TRANCHES DE PAIN D'ÉPICES SANS LA CROÛTE
3 C. À S. DE MOUTARDE FORTE
5 CL D'HUILE DE PÉPINS DE RAISIN
30 G DE BEURRE
75 G DE SUCRE VERGEOISE
50 CL DE BIÈRE BRUNE
30 CL DE FOND DE VEAU
SEL, POIVRE DU MOULIN

À DÉGUSTER

avec une bière ambrée ou un bourgueil rouge

1 Préchauffez le four à 140 °C (th. 4-5). Épluchez et émincez les oignons. Badigeonnez les tranches de pain d'épices de moutarde.

2 Saisissez les morceaux de sanglier dans l'huile 5 minutes dans une grande cocotte sur feu vif. Égouttez la viande et mettez le beurre et les oignons à la place. Laissez-les fondre 10 minutes sur feu moyen. Ajoutez la vergeoise et laissez légèrement caraméliser 5 minutes sur feu moyen.

3 Remettez les morceaux de viande dans la cocotte. Versez la bière, portez à ébullition, puis ajoutez le fond de veau. Salez et poivrez. Déposez les tranches de pain d'épices, puis portez à nouveau à ébullition. Couvrez la cocotte et enfournez-la pendant 3 heures, en mélangeant deux ou trois fois pendant la cuisson.

4 Sortez la carbonnade du four et servez avec des frites maison bien croustillantes ou des endives caramélisées.

POMMES DE TERRE FARCIES AU SANGLIER
ET AUX CHAMPIGNONS, GRATINÉES AU COMTÉ

Pour **4 personnes** / Préparation **50 min** / Cuisson **2 h 45**

400 G DE VIANDE DE SANGLIER
1 PETIT OIGNON
2 ÉCHALOTES
8 CL D'HUILE D'OLIVE
25 CL DE VIN ROUGE
25 CL DE FOND DE VEAU
2 BRANCHES DE THYM
4 GROSSES POMMES DE TERRE BINTJE
150 G DE CHAMPIGNONS DE PARIS
20 G DE BEURRE
60 G DE COMTÉ RÂPÉ
SEL, POIVRE DU MOULIN

À DÉGUSTER
avec un saumur rouge

1. Coupez la viande en cubes de 3 cm de côté. Épluchez et émincez l'oignon et les échalotes.
2. Saisissez la viande dans la moitié de l'huile d'olive 5 minutes dans une cocotte sur feu fort. Ajoutez l'oignon et les échalotes, et laissez-les fondre 5 minutes sur feu moyen. Versez le vin, puis portez à ébullition. Ajoutez le fond de veau et le thym. Laissez cuire 1 heure 30 à 1 heure 45 sur feu doux, jusqu'à ce que la viande soit filandreuse.
3. Pendant ce temps, préchauffez le four à 180 °C (th. 6). Lavez les pommes de terre avec leur peau. Découpez quatre carrés de papier aluminium, puis déposez un peu de sel et une pomme de terre au centre. Enveloppez chaque pomme de terre de sa feuille d'aluminium, puis placez-les dans un plat. Enfournez pendant 50 minutes.
4. Nettoyez et hachez grossièrement les champignons. Faites-les ensuite revenir avec le beurre 5 minutes dans une poêle sur feu moyen. Salez et poivrez.
5. Égouttez, puis effilochez la viande. Mélangez-la avec un peu de jus de cuisson et les champignons dans un récipient.
6. Sortez les pommes de terre du four. Laissez-les tiédir 10 minutes, puis évidez-les à l'aide d'une petite cuillère sur une profondeur de 1 cm (conservez la chair pour préparer un écrasé de pommes de terre à l'huile d'olive). Garnissez les pommes de terre avec la farce, puis déposez-les dans un plat. Parsemez de comté râpé, arrosez du reste d'huile d'olive et mettez le tout à gratiner 20 minutes au four. Servez bien chaud.

Colombo de sanglier à la patate douce

Pour **4 personnes** / Préparation **30 min** / Marinade **12 h** / Cuisson **3 h 45**

1,5 KG DE VIANDE DE SANGLIER
2 OIGNONS JAUNES
6 GOUSSES D'AIL
2 PETITS PIMENTS ROUGES
10 CL D'HUILE D'OLIVE
LE JUS DE **2** CITRONS VERTS
2 C. À S. BOMBÉE DE POUDRE DE COLOMBO
1 C. À S. BOMBÉE DE FARINE
800 G DE PATATE DOUCE
50 G DE BEURRE
3 BRINS DE CORIANDRE
SEL, POIVRE DU MOULIN

—

À DÉGUSTER

avec un cornas rouge

1 La veille, coupez la viande en cubes de 3 cm environ. Épluchez et hachez les oignons et les gousses d'ail, nettoyez et hachez les piments. Mettez la viande dans un grand récipient avec l'oignon, l'ail, le piment, l'huile d'olive, le jus des citrons, du sel et du poivre. Couvrez la préparation avec du film alimentaire et mettez-la à mariner au moins 12 heures au réfrigérateur.

2 Le jour même, égouttez la viande, en prenant soin de bien retirer tous les morceaux d'oignon, d'ail et de piment. Saisissez les morceaux de viande dans une grande cocotte, sans huile : celle de la marinade suffit. Ajoutez la garniture égouttée de la marinade, la poudre de colombo et la farine. Mélangez et laissez roussir le tout sur feu moyen pendant 5 minutes.

3 Couvrez largement la viande d'eau à hauteur, salez, poivrez. Portez à ébullition, écumez la surface, couvrez la cocotte et laissez mijoter 3 heures sur feu doux, en remuant de temps en temps.

4 Épluchez, lavez et coupez les patates douces en gros cubes. Faites-les légèrement dorer 3 minutes dans une poêle avec le beurre, puis salez et poivrez.

5 Une fois la viande cuite, ajoutez les patates douces dans la cocotte et un peu d'eau si nécessaire. Laissez mijoter 30 minutes sur feu doux.

6 Au moment de servir, parsemez de coriandre fraîche et ciselée.

POMMES RÔTIES ET FARCIES À L'EFFILOCHÉ DE SANGLIER AUX AIRELLES

Pour **4 personnes** / Préparation **45 min** / Cuisson **3 h**

600 G D'ÉPAULE DE SANGLIER DÉSOSSÉE
1 OIGNON
1 CAROTTE
8 CL D'HUILE D'OLIVE
40 CL DE VIN ROUGE
20 CL DE FOND DE VEAU
4 POMMES GOLDEN
1 C. À S. DE GELÉE DE GROSEILLE
60 G D'AIRELLES
2 BRANCHES DE PERSIL CISELÉES
5 CL DE CRÈME OU DE SIROP DE CASSIS
SEL, POIVRE DU MOULIN

À DÉGUSTER

avec un minervois blanc

1. Coupez la viande en gros morceaux. Épluchez et hachez l'oignon. Épluchez, lavez et coupez la carotte en petits cubes.
2. Saisissez la viande dans 5 cl d'huile d'olive 5 minutes dans une cocotte sur feu vif. Ajoutez l'oignon et la carotte, et laissez-les fondre 10 minutes sur feu moyen en remuant. Versez le vin sur la viande et portez à ébullition. Ajoutez ensuite le fond de veau, la crème de cassis, du sel et du poivre. Portez à ébullition, puis couvrez la cocotte. Baissez le feu et laissez mijoter 2 heures 30 sur feu doux.
3. Préchauffez le four à 190 °C (th. 6-7). Lavez les pommes et coupez-les en deux dans l'épaisseur. Retirez délicatement la chair à l'aide d'une cuillère en laissant 1 cm de bord environ.
4. Vérifiez la cuisson de la viande, elle doit être filandreuse. Égouttez-la, laissez-la tiédir, puis effilochez-la à la main.
5. Filtrez la sauce et faites-la réduire avec la gelée de groseille sur feu doux jusqu'à obtenir 15 cl environ. Mélangez-la ensuite avec la viande effilochée et les airelles.
6. Mettez les demi-pommes dans un plat à rôti. Salez, poivrez, arrosez d'huile d'olive, puis garnissez-les de viande. Enfournez pendant 20 à 25 minutes.
7. Sortez le plat du four. Parsemez de persil et dégustez. Vous pouvez également réaliser cette recette avec un reste de civet.

Civet de sanglier au chocolat et aux airelles

Pour **4 personnes** / Préparation **30 min** / Marinade **12 h** / Cuisson **3 h**

1,5 KG D'ÉPAULE DE SANGLIER
1 OIGNON JAUNE
1 CAROTTE
2 BAIES DE GENIÈVRE
1 BOUQUET GARNI
1 L DE VIN ROUGE
5 CL D'HUILE DE TOURNESOL
5 CL DE COGNAC
60 G DE FARINE
5 CL DE CRÈME DE CASSIS
50 CL DE FOND DE VEAU
100 G D'AIRELLES AU SIROP
3 CARRÉS DE CHOCOLAT NOIR À 70 % DE CACAO
SEL, POIVRE DU MOULIN

À DÉGUSTER

avec un corbières rouge

1 La veille, épluchez l'oignon et la carotte, puis coupez-les en petits morceaux. Écrasez grossièrement les baies de genièvre. Coupez la viande en morceaux. Dans un grand récipient, mettez la viande, l'oignon, la carotte, les baies de genièvre et le bouquet garni. Poivrez, puis versez le vin rouge. Couvrez avec du film alimentaire et placez au frais pendant 12 heures.

2 Le jour même, sortez la viande de la marinade, puis faites-la saisir dans l'huile de tournesol 5 minutes dans une cocotte sur feu vif. Une fois la viande dorée, versez le cognac et faites flamber. Versez la farine, mélangez et laissez roussir 3 minutes. Ajoutez le vin rouge et la garniture de la marinade ainsi que la crème de cassis. Portez à ébullition 3 minutes, puis ajoutez le fond de veau. Salez.

3 Couvrez la cocotte et laissez cuire 2 heures 30 sur feu doux en remuant régulièrement. Ajoutez un peu d'eau pendant la cuisson si nécessaire.

4 Sortez la viande à l'aide d'une écumoire et filtrez la sauce. Mixez celle-ci avec un robot plongeant pour la lisser.

5 Remettez la viande et la sauce dans la cocotte, et laissez mijoter encore 15 à 20 minutes sur feu doux. Ajoutez les airelles et les carrés de chocolat, puis mélangez délicatement pendant 5 minutes pour les faire fondre. Accompagnez avec un gratin de blettes au vieux comté (voir page 78).

SALTIMBOCCA DE SANGLIER AU JAMBON DE PARME

Pour **4 personnes** / Préparation **20 min** / Cuisson **15 min**

8 TRANCHES FINES (3 À 4 MM D'ÉPAISSEUR) ET ASSEZ LARGES DE FILET DE SANGLIER
4 TRANCHES FINES (1 MM D'ÉPAISSEUR) DE JAMBON DE PARME COUPÉES EN DEUX
80 G DE PARMESAN
8 FEUILLES DE SAUGE
5 CL D'HUILE DE TOURNESOL
15 CL DE JUS DE VEAU
20 G DE BEURRE
SEL, POIVRE DU MOULIN

À DÉGUSTER

avec un volnay

1. Râpez le parmesan en fins copeaux. Émincez finement les feuilles de sauge.
2. Étalez les tranches de filet de sanglier sur le plan de travail, salez-les et poivrez-les. Déposez une demi-tranche de jambon de Parme sur chaque escalope, puis répartissez les copeaux de parmesan et la sauge par-dessus. Roulez les tranches en les serrant légèrement et plantez une pique en bois pour les maintenir roulées.
3. Dans une poêle, faites cuire les saltimbocca dans l'huile 8 à 10 minutes sur feu moyen en les tournant régulièrement. Retirez-les de la poêle, posez-les sur une assiette et couvrez-les avec une feuille de papier aluminium.
4. Dégraissez et déglacez la poêle avec le jus de veau. Faites-le réduire de moitié, puis ajoutez le beurre en fouettant. Vérifiez l'assaisonnement de la sauce. Remettez les saltimbocca à chauffer 2 minutes dans la sauce et servez aussitôt avec un écrasé de pommes de terre à l'huile d'olive. (voir page 80)

ÉPAULE DE MARCASSIN RÔTIE AU PIMENT D'ESPELETTE, POIRES ET GROSEILLES

Pour **4-6 personnes** / Préparation **30 min** / Marinade **6 h** / Cuisson **1 h**

1 ÉPAULE DE MARCASSIN DÉSOSSÉE
2 C. À S. RASES DE PIMENT D'ESPELETTE
10 CL D'HUILE D'OLIVE
1 GROSSE CAROTTE
1 GROS OIGNON JAUNE
1 GOUSSE D'AIL
1 PETITE BRANCHE DE CÉLERI
3 PETITES POIRES À CHAIR FERME
15 CL DE VIN BLANC
30 CL DE FOND DE GIBIER OU DE FOND DE VEAU
100 G DE GELÉE DE GROSEILLE
30 G DE BEURRE
150 G DE GROSEILLES FRAÎCHES OU SURGELÉES
SEL, POIVRE DU MOULIN

À DÉGUSTER

avec un beaumes-de-venise rouge

1 Un peu avant de cuisiner, assaisonnez l'intérieur et l'extérieur de l'épaule désossée avec le piment d'Espelette, du sel et 1/3 de l'huile d'olive, en massant bien avec vos mains pour faire pénétrer le piment dans la chair. Roulez ensuite l'épaule et ficelez-la fermement. Enveloppez-la dans deux ou trois couches de film alimentaire, toujours en serrant bien, puis placez-la 6 heures au réfrigérateur.

2 Préchauffez le four à 200 °C (th. 6-7). Épluchez, lavez et coupez en petits morceaux la carotte, l'oignon, l'ail et le céleri.

3 Retirez le film alimentaire de l'épaule et déposez-la sur une plaque à rôtir. Répartissez la garniture autour de l'épaule et arrosez le tout avec le reste de l'huile d'olive. Mettez l'épaule à cuire 45 minutes à 1 heure dans le four selon la cuisson désirée, en la tournant et en l'arrosant toutes les 15 minutes et en y ajoutant les poirées coupées en deux après 30 minutes de cuisson.

4 Lorsque vous sortez l'épaule du four, enveloppez-la dans une grande feuille de papier aluminium et laissez-la reposer 15 à 20 minutes. Retirez les poires et maintenez-les au chaud.

5 Dégraissez la plaque de cuisson en laissant la garniture aromatique dedans. Mettez la plaque sur le feu, déglacez avec le vin blanc en grattant le fond de la plaque avec une spatule. Ajoutez le fond de gibier, du sel et du poivre et faites réduire la sauce de moitié sur feu moyen. Ajoutez la gelée de groseille et le beurre et mélangez au fouet, puis ajoutez les groseilles fraîches et les poires.

6 Tranchez l'épaule de marcassin et servez avec la sauce. Accompagnez avec une purée de céleri (voir page 84) ou des légumes-racines.

Effiloché de sanglier façon "pulled pork"

Pour **4 personnes** / Préparation **30 min** / Cuisson **3 h 30**

800 G D'ÉPAULE DE SANGLIER COUPÉE EN GROS CUBES
3 GOUSSES D'AIL
1 OIGNON
1 C. À C. DE PAPRIKA
1 C. À C. DE CUMIN EN POUDRE
2 C. À S. DE KETCHUP
5 CL DE SAUCE WORCESTERSHIRE
5 CL DE VINAIGRE DE VIN ROUGE
30 G DE SUCRE CASSONADE BRUN
5 CL D'HUILE DE TOURNESOL
1 GROSSE C. À S. DE MOUTARDE FORTE
SEL, POIVRE DU MOULIN

À DÉGUSTER

avec un chinon rouge

1. Préchauffez le four à 140 °C (th. 4-5). Épluchez et émincez les gousses d'ail et l'oignon.
2. Dans un bol, mélangez les épices avec le ketchup, la sauce Worcestershire, la moutarde, le vinaigre, le sucre, du sel et du poivre.
3. Saisissez les morceaux de sanglier dans l'huile 5 minutes dans une cocotte sur feu vif. Ajoutez l'oignon et l'ail, et poursuivez la cuisson 5 minutes sur feu moyen. Ajoutez ensuite la préparation aux épices et 20 cl d'eau, puis portez à ébullition en mélangeant. Couvrez la cocotte et enfournez pendant 3 heures 30 en mélangeant toutes les 30 minutes et en ajoutant un peu d'eau pendant la cuisson si nécessaire.
4. Sortez la cocotte du four. Laissez tiédir, puis effilochez la viande avec une fourchette. Servez avec des tranches de pain grillé ou dans un pain à hamburger, accompagné de salade, de cornichons et des pickles d'oignons rouges (voir page 88).

Carré de sanglier rôti aux champignons et sa sauce au romarin

Pour **4 personnes** / Préparation **30 min** / Cuisson **1 h 30**

POUR LE BEURRE DE ROMARIN :
1 GOUSSE D'AIL
1 BRANCHE DE ROMARIN
90 G DE BEURRE MOU
SEL, POIVRE DU MOULIN

1 CARRÉ DE SANGLIER DE 8 CÔTES
1 BRANCHE DE ROMARIN
50 G DE BEURRE
3 C. À S. D'HUILE D'OLIVE
4 ÉCHALOTES
1 BRANCHE DE ROMARIN
500 G DE CHAMPIGNONS SAUVAGES OU DE CHAMPIGNONS DE PARIS
20 CL DE VIN BLANC
SEL, POIVRE DU MOULIN

À DÉGUSTER

avec un cahors

1. Préparez le beurre de romarin : épluchez et hachez l'ail finement. Hachez les feuilles de romarin. Dans un bol, mélangez avec une cuillère le beurre ramolli avec l'ail, le romarin, du sel et du poivre.
2. Préchauffez le four à 200 °C (th. 6-7). Faites une entaille de 2 cm de long entre les côtes du carré de sanglier et garnissez l'intérieur avec le beurre de romarin. Refermez et ficelez fermement le carré de porc.
3. Placez le carré dans un plat allant au four et sur la flamme. Salez, poivrez et répartissez le reste du beurre dessus. Arrosez d'huile d'olive. Épluchez les échalotes et disposez-les entières autour du carré. Ajoutez le romarin et enfournez pendant 20 minutes.
4. Baissez le four à 170 °C (th. 5-6) et laissez cuire encore 45 minutes à 1 heure, selon la cuisson désirée. Tournez le carré à mi-cuisson et arrosez régulièrement.
5. Pendant ce temps, nettoyez et coupez les champignons en quartiers. Faites-les ensuite revenir dans 25 g de beurre 4 à 5 minutes (10 minutes si ce sont des champignons de Paris) dans une poêle sur feu vif. Salez et poivrez.
6. Sortez le carré du four. Enveloppez-le dans une grande feuille de papier aluminium, puis laissez reposer 15 à 20 minutes. Retirez les échalotes et réservez-les.
7. Sans enlever le romarin, faites chauffer le plat de cuisson sur feu vif. Déglacez avec le vin blanc, laissez réduire de moitié, puis versez 15 cl d'eau. Laissez réduire 5 minutes sur feu vif en grattant le fond. Ajoutez le reste du beurre froid coupé en petits morceaux et fouettez. Filtrez ensuite la sauce dans un bol pour dégustation immédiate ou dans une petite casserole pour réchauffer au moment voulu.
8. Découpez le carré et servez aussitôt avec les échalotes confites et la sauce au romarin, et accompagné d'un gratin de pommes de terre (voir page 78).

PALLARES
SOLSONA

TOURNEDOS DE SANGLIER AUX TROMPETTES ET AUX POIRES

Pour **4 personnes** / Préparation **45 min** / Cuisson **40 min**

4 TOURNEDOS DE SANGLIER DE **180** G ENVIRON
30 CL DE FOND DE VEAU
1 FEUILLE DE LAURIER
1 BRANCHE DE THYM
400 G DE TROMPETTES-DES-MORTS FRAÎCHES
1 ÉCHALOTE
60 G DE BEURRE
1 C. À S. DE CRÈME FRAÎCHE ÉPAISSE
2 POIRES COMICES À CHAIR FERME
1 C. À S. DE SUCRE CASSONADE
2 C. À S. D'ALCOOL DE POIRE OU DE CALVADOS
5 CL D'HUILE VÉGÉTALE
SEL, POIVRE DU MOULIN

—

À DÉGUSTER

avec un côtes-du-rhône village blanc

1 Dans une casserole, mettez le fond de veau, le laurier, le thym, du sel et du poivre, et faites réduire de moitié sur feu moyen.

2 Nettoyez les trompettes, puis rincez-les rapidement à l'eau froide. Épluchez et hachez l'échalote.

3 Faites fondre les échalotes dans 30 g de beurre 5 minutes dans une grande poêle sur feu doux. Augmentez le feu et ajoutez les trompettes. Poursuivez la cuisson 5 à 6 minutes en remuant.

4 Égouttez les trompettes dans une passoire en récupérant le jus de cuisson, et versez celui-ci dans la casserole avec le fond de veau. Retirez le laurier et le thym, ajoutez la crème, puis faites légèrement réduire sur feu moyen. Salez et poivrez. Mixez la sauce avec un robot plongeant. Ajoutez les trompettes et réservez la sauce au chaud.

5 Épluchez et coupez les poires en quartiers. Faites-les ensuite dorer dans le reste du beurre 5 minutes dans une poêle sur feu moyen. Saupoudrez-les de cassonade, laissez-les caraméliser encore 3 minutes, puis flambez-les avec l'alcool de poire.

6 Dans une sauteuse, faites cuire les tournedos de sanglier dans l'huile 4 à 6 minutes de chaque côté, selon la cuisson désirée, sur feu doux moyen. Retirez-les ensuite de la sauteuse et réservez-les dans une assiette.

7 Dégraissez la sauteuse, puis versez la sauce aux trompettes dans la sauteuse en mélangeant sur feu doux. Déposez les tournedos dans la sauce, laissez mijoter 1 minute sur feu doux et servez avec les poires accompagnés d'une compotée d'aubergines et de tomates cerises (voir page 80) ou de potiron rôti (voir page 92).

EN -
111-GE

CÔTELETTES DE SANGLIER À LA LIE DE VIN

Pour **4 personnes** / Préparation **20 min** / Cuisson **1 h**

8 CÔTELETTES DE SANGLIER
1 CAROTTE
70 G DE CÉLERI-RAVE
½ OIGNON
½ GOUSSE D'AIL
1 BRANCHE DE CÉLERI
1 L DE VIN ROUGE
1 FEUILLE DE LAURIER
5 CL DE FOND DE VEAU CORSÉ
20 G DE SUCRE CASSONADE
20 G DE BEURRE
1 C. À S. D'HUILE DE TOURNESOL
SEL, POIVRE DU MOULIN

À DÉGUSTER

avec un pommard

1 Épluchez la carotte, le céleri-rave, l'oignon et l'ail. Nettoyez la branche de céleri. Hachez l'oignon et l'ail. Taillez tous les autres légumes en petits cubes.

2 Mettez tous les légumes dans une casserole avec le vin, la feuille de laurier, du sel et du poivre. Portez à ébullition et faites réduire le vin aux trois quarts sur feu moyen. Ajoutez le fond de veau et le sucre, puis laissez réduire encore 10 minutes.

3 Filtrez la sauce dans une casserole propre à l'aide d'une passoire fine. Faites-la chauffer sur feu doux, puis ajoutez le beurre en fouettant.

4 Salez et poivrez les côtelettes, puis faites-les cuire dans l'huile 3 à 6 minutes de chaque côté dans une poêle sur feu moyen, ou sur un gril.

5 Servez les côtelettes accompagnées de la sauce à la lie de vin et d'une purée de céleri (voir page 84).

Rôti de sanglier au cabécou et aux pleurotes

Pour **4-6 personnes** / Préparation **30 min** / Cuisson **50 min**

800 G DE FILET OU D'ÉPAULE DE SANGLIER
8 PETITS OIGNONS NOUVEAUX
2 GROSSES TOMATES
200 G DE PLEUROTES
20 G DE BEURRE
4 CABÉCOU
4 C. À S. D'HUILE D'OLIVE
2 BRANCHES DE THYM
1 C. À C. DE PIMENT D'ESPELETTE
SEL, POIVRE DU MOULIN

À DÉGUSTER

avec un cornas

1. Préchauffez le four à 180 °C (th. 6). Épluchez les petits oignons. Mondez, épépinez et concassez les tomates. Nettoyez les pleurotes, puis hachez-les à l'aide d'un couteau.
2. Faites cuire les pleurotes dans le beurre 5 à 6 minutes dans une poêle sur feu moyen. Salez et poivrez.
3. Faites deux entailles profondes dans le morceau de viande dans le sens de la longueur, mais sans aller jusqu'au bout. Salez et poivrez l'intérieur, puis garnissez de pleurotes et de cabécou. Ficelez la viande fermement pour obtenir un rôti.
4. Saisissez ce rôti dans l'huile 5 minutes dans une cocotte sur feu moyen. Disposez les petits oignons et les tomates autour, salez, parsemez de brindilles de thym et de piment d'Espelette. Enfournez pendant 20 minutes.
5. Sortez la cocotte. Versez le vin blanc et enfournez à nouveau pendant 20 minutes.
6. Sortez le rôti. Enveloppez-le de papier aluminium et laissez-le reposer 15 minutes.
7. Mettez la cocotte sur feu doux et faites légèrement réduire le jus de cuisson jusqu'à ce que la sauce épaississe.
8. Servez avec la garniture et le jus de cuisson, et accompagné d'une purée de pommes de terre (voir page 84).

CIVET DE SANGLIER MARINÉ AU GENIÈVRE, AU VIN ET À L'OIGNON CONFIT

Pour **4 personnes** / Préparation **30 min** / Marinade **24 h** / Cuisson **3 h 30**

1,5 KG DE VIANDE DE SANGLIER
1 GROSSE CAROTTE
2 GOUSSES D'AIL
5 OIGNONS JAUNES MOYENS
8 BAIES DE GENIÈVRE
1 FEUILLE DE LAURIER
10 CL D'HUILE D'OLIVE
75 CL DE VIN BLANC SEC
1 C. À C. BOMBÉE DE FARINE
30 CL DE FOND DE GIBIER OU DE FOND DE VEAU
40 G DE BEURRE
25 G DE SUCRE CASSONADE
SEL, POIVRE DU MOULIN

—

À DÉGUSTER

avec un gigondas

1 La veille, épluchez, lavez et coupez la carotte en morceaux, épluchez les gousses d'ail, épluchez et émincez un oignon. Coupez la viande en gros morceaux, mettez-la dans un grand récipient creux avec la carotte et l'oignon, les gousses d'ail, les baies de genièvre écrasées, la feuille de laurier, 5 cl d'huile d'olive et le vin blanc. Mélangez puis couvrez le tout avec un film alimentaire et mettez la préparation à mariner 24 heures au réfrigérateur.

2 Le jour même, égouttez la viande. Saisissez-la 6 à 8 minutes dans une grande cocotte avec le reste de l'huile d'olive sur feu vif. Salez, poivrez, saupoudrez-la de farine, mélangez et laissez roussir 3 minutes sur feu vif. Versez le reste de la marinade dans la cocotte. Portez à ébullition, puis ajoutez le fond de gibier ou de veau. Couvrez la cocotte et laissez mijoter 2 heures 30 sur feu très doux, en remuant de temps en temps.

3 Épluchez le reste des oignons et coupez-les en petits quartiers. Faites-les fondre 10 minutes dans une poêle avec le beurre, sur feu moyen. Salez, poivrez, ajoutez le sucre et laissez les oignons confire à feu très doux pendant 10 minutes, ou jusqu'à ce qu'ils soient à peine caramélisés.

4 Une fois que la viande est cuite, égouttez-la. Filtrez la sauce. Remettez la sauce et la viande dans la cocotte, ajoutez les oignons confits et un peu d'eau si nécessaire. Couvrez la cocotte et laissez mijoter 30 minutes sur feu doux.

5 Servez le civet avec une poêlée de champignons (voir page 92).

CHOU FARCI AU SANGLIER

Pour **4-6 personnes** / Préparation **45 min** / Cuisson **2 h**

600 G D'ÉPAULE DE SANGLIER HACHÉ
1 CHOU POMMÉ
1 GROS OIGNON JAUNE
2 CAROTTES
1 BOUQUET DE PERSIL
150 G DE CHAMPIGNONS DE PARIS
1 TRANCHE DE PAIN DE MIE ÉPAISSE SANS LA CROÛTE
½ VERRE DE LAIT
3 C. À S. D'HUILE D'OLIVE
1 ŒUF
1 MORCEAU DE CRÉPINE DE 40 X 40 CM ENVIRON
40 CL DE VIN BLANC
20 CL DE FOND DE VEAU
2 BRANCHES DE THYM FRAIS
SEL, POIVRE DU MOULIN

À DÉGUSTER

avec un beaujolais rouge

1. Préparez le chou : après avoir retiré les premières feuilles, détachez délicatement les suivantes en retirant les côtes. Blanchissez-les 3 à 4 minutes dans une grande casserole d'eau bouillante salée. Égouttez-les, puis plongez-les aussitôt dans un grand saladier d'eau froide.

2. Épluchez et hachez l'oignon. Épluchez, lavez et coupez les carottes en petits cubes. Lavez, équeutez et hachez le persil. Nettoyez et coupez les champignons en quartiers. Mettez le pain à tremper avec le lait dans un bol.

3. Faites fondre la moitié des oignons dans l'huile d'olive 5 minutes dans une poêle sur feu moyen. Ajoutez les champignons, poursuivez la cuisson pendant 5 minutes. Salez et poivrez.

4. Dans un saladier, mélangez la viande avec les oignons et les champignons, le persil, l'œuf et le pain de mie imbibé de lait. Salez et poivrez.

5. Préchauffez le four à 170 °C (th. 5-6). Préparez le chou farci : lavez et rincez la crépine. Prenez un saladier (sa forme va vous aider à réaliser un chou farci régulier), tapissez ses parois avec la crépine, puis, par-dessus, les deux tiers des feuilles de chou. Ajoutez ensuite la farce et le reste des feuilles de chou. Refermez le tout en rabattant les feuilles de chou situées en dessous et la crépine de sorte à former une boule. Retournez le saladier délicatement et ficelez le chou.

6. Mettez le reste des oignons et les carottes dans une grande cocotte. Ajoutez le vin blanc, le fond de veau et le thym. Salez et poivrez. Faites chauffer la cocotte sur feu moyen 10 minutes, puis placez le chou dans la cocotte. Couvrez et enfournez pendant 1 heure 15.

7. Retirez le couvercle et augmentez le four à 190 °C (th. 6-7). Laissez cuire encore 20 minutes.

8. Sortez le chou farci de la cocotte et placez-le dans une feuille de papier aluminium, afin de le garder au chaud. Faites réduire le jus de cuisson de la cocotte 10 minutes sur feu moyen. Servez le chou farci découpé en parts et accompagné de sa sauce.

CHAMBORD

Côtelettes de marcassin rôties à la moutarde et à l'estragon

Pour **4 personnes** / Préparation **20 min** / Cuisson **20 min**

12 BELLES CÔTELETTES DE MARCASSIN
2 PETITES ÉCHALOTES
1 GROS BOUQUET D'ESTRAGON
150 G DE BEURRE MOU
1 C. À C. DE MOUTARDE DOUCE
1 C. À S. DE PASTIS
500 G DE PETITS POIS
2 C. À S. D'HUILE D'OLIVE
SEL, POIVRE DU MOULIN

À DÉGUSTER

avec un beaumes-de-venise rouge

1. Préchauffez le gril du four. Épluchez et hachez finement les échalotes. Effeuillez et hachez l'estragon. Mélangez le beurre mou dans un récipient avec les échalotes hachées, l'estragon, la moutarde, le pastis, du sel et du poivre. Réservez.

2. Faites cuire les petits pois 10 à 12 minutes dans une casserole d'eau bouillante salée. Égouttez-les et rafraîchissez-les à l'eau très froide. Réservez.

3. Assaisonnez les côtelettes de marcassin et saisissez-les 1 à 2 minutes de chaque côté dans une poêle avec l'huile d'olive. Déposez-les sur une grille et laissez-les tiédir, puis transférez-les sur une grande plaque allant au four et badigeonnez-les généreusement de beurre à l'estragon. Répartissez les petits pois autour des côtelettes. Placez la plaque sous le gril du four et laissez cuire le tout 6 à 8 minutes. Quand vous sortez la plaque, servez aussitôt.

CÔTELETTES DE SANGLIER À LA CRÈME D'AIL

Pour **4 personnes** / Préparation **20 min** / Cuisson **50 min**

8 CÔTELETTES DE SANGLIER
3 GROSSES TÊTES D'AIL
30 CL DE CRÈME LIQUIDE
8 CL D'HUILE D'OLIVE
4 BRANCHES DE THYM FRAIS
SEL, POIVRE DU MOULIN

—

À DÉGUSTER

avec un luberon blanc

1 Préchauffez le four à 180 °C (th. 6). Détachez et épluchez les gousses d'une des trois têtes et placez-les dans une casserole d'eau. Portez à ébullition, laissez blanchir 1 minute, puis égouttez. Renouvelez deux fois l'opération, départ eau froide à chaque fois.

2 Dans une casserole, mettez les gousses blanchies, la crème, 5 cl d'eau, du sel et du poivre. Portez à ébullition, puis laissez cuire 20 minutes sur feu moyen.

3 Coupez les autres têtes d'ail en deux dans l'épaisseur. Déposez-les dans un plat allant au four, arrosez avec 5 cl d'huile d'olive, parsemez de thym, salez, poivrez, et enfournez pendant 20 minutes.

4 Pendant ce temps, mixez la crème avec un robot plongeant. Réservez au chaud.

5 Salez et poivrez les côtelettes et badigeonnez-les d'huile d'olive. Faites-les ensuite griller 3 à 6 minutes de chaque côté sur un gril en fonte ou au barbecue.

6 Sortez les têtes d'ail. Servez aussitôt avec les côtelettes et la crème d'ail.

ÉPAULE DE SANGLIER CONFITE AUX AGRUMES ET AUX PETITES CAROTTES

Pour **4 personnes** / Préparation **30 min** / Marinade **6 h** / Cuisson **3 h**

1,2 KG D'ÉPAULE DE SANGLIER DÉSOSSÉE ET EN UN SEUL MORCEAU
2 ORANGES À JUS BIO
1 CITRON JAUNE BIO
1 CITRON VERT BIO
8 CL D'HUILE D'OLIVE
1 OIGNON
1 TÊTE D'AIL
1 BOTTE DE PETITES CAROTTES FANES
2 C. À S. DE MIEL LIQUIDE
30 CL DE FOND DE VEAU
SEL, POIVRE DU MOULIN

À DÉGUSTER

avec un chorey-lès-beaune

1. Lavez et zestez les agrumes à l'aide d'une râpe fine. Pressez-en ensuite le jus.
2. Dans un bol, mélangez les zestes avec la moitié de l'huile d'olive et 2 cuillères à soupe de jus d'agrumes.
3. Salez et poivrez l'épaule, puis badigeonnez-la de la préparation aux zestes. Enveloppez-la de film alimentaire et placez-la 6 heures au réfrigérateur.
4. Épluchez et hachez l'oignon. Détachez les gousses d'ail sans les éplucher. Épluchez et lavez les carottes.
5. Préchauffez le four à 160 °C (th. 5-6). Sortez l'épaule, retirez le film alimentaire et faites-la saisir dans le reste d'huile d'olive 5 minutes dans une cocotte sur feu vif. Ajoutez l'oignon et le miel, baissez le feu et laissez cuire encore 5 minutes. Versez le reste de jus d'agrumes et le fond de veau, salez, poivrez et portez le tout à ébullition. Couvrez la cocotte, puis enfournez pendant 1 heure 30.
6. Sortez la cocotte. Retournez l'épaule, ajoutez les carottes et les gousses d'ail et enfournez à nouveau pendant 1 heure 30, jusqu'à ce qu'elle soit bien confite.
7. Laissez reposer la viande 15 minutes avant de servir accompagné d'un gratin de courgettes au parmesan (voir page 86).

Brochettes de marcassin laquées au romarin et au soja

Pour **4 personnes** / Préparation **20 min** / Marinade **4 h** / Cuisson **20 min**

600 G DE VIANDE DE MARCASSIN
3 CM DE GINGEMBRE FRAIS
3 GOUSSES D'AIL
1 BRANCHE DE ROMARIN
8 CL D'HUILE D'OLIVE
1 GROS OIGNON ROUGE
3 PINCÉES DE PAPRIKA EN POUDRE
10 CL DE SAUCE SOJA SUCRÉE
SEL, POIVRE DU MOULIN

—

À DÉGUSTER

avec un madiran rouge, un grignan-les-adhémar rouge

1 Coupez la viande en petits cubes de 1,5 cm environ.

2 Épluchez et râpez le gingembre, épluchez et hachez les gousses d'ail, hachez finement les brindilles de romarin. Mélangez le tout dans un bol avec l'huile d'olive, le paprika, du sel et du poivre. Mélangez la marinade et les morceaux de marcassin dans un récipient. Couvrez la viande avec du film alimentaire et placez-la 4 heures au réfrigérateur.

3 Épluchez et coupez l'oignon en petits morceaux. Sortez la viande et montez les brochettes en intercalant les morceaux de viande et d'oignon.

4 Faites griller les brochettes sur un gril en fonte ou sur une plancha 10 à 12 minutes, en les tournant régulièrement. Baissez ensuite le feu, arrosez les brochettes de sauce soja et laissez cuire encore 5 à 6 minutes en tournant régulièrement les brochettes de manière à les faire légèrement laquer.

5 Servez les brochettes avec des pommes de terre rôties au carvi.

Cuissot de sanglier rôti à la moutarde ancienne au miel et à la bière

Pour **6-8 personnes** / Préparation **30 min** / Cuisson **55 min**

1 MORCEAU DE CUISSOT DE SANGLIER DE **1,5** KG ENVIRON DÉSOSSÉ
2 GROSSES C. À S. DE MOUTARDE À L'ANCIENNE
30 CL DE BIÈRE BRUNE
2 GROSSE C. À S. DE MIEL LIQUIDE
5 CL D'HUILE D'OLIVE
1 C. À C. RASE DE PIMENT D'ESPELETTE
2 BOTTES D'OIGNONS NOUVEAUX
SEL

—

À DÉGUSTER

avec un saint-émilion

1 Préchauffez le four à 220 °C (th. 7-8). Dans un récipient, mélangez la moutarde, la bière et le miel.

2 Badigeonnez la viande d'huile d'olive, de sel et de piment d'Espelette à la main, pour bien les faire pénétrer dans la chair. Déposez le cuissot dans un grand plat à rôti, puis enfournez pendant 15 minutes.

3 Sortez le plat. Étalez le mélange à la moutarde sur le cuissot et enfournez à nouveau pendant 20 minutes.

4 Pendant ce temps, nettoyez les petits oignons en gardant un peu de leurs tiges.

5 Baissez la température du four à 190 °C (th. 6-7). Répartissez les petits oignons autour du cuissot et remettez-le à cuire pendant 20 minutes.

6 Sortez le cuissot. Couvrez-le d'une feuille de papier aluminium et laissez-le reposer 10 minutes avant de le servir coupé en tranches accompagné d'une purée de panais au wasabi (voir page 84).

CIVET DE MARCASSIN À LA GELÉE DE GROSEILLE,
POIRES RÔTIES AUX BAIES ROSES

Pour **4 personnes** / Préparation **30 min** / Marinade **24 h** / Cuisson **3 h**

1,5 KG DE VIANDE DE MARCASSIN
1 OIGNON
1 CAROTTE
4 BAIES DE GENIÈVRE
2 BRANCHES DE THYM
5 CL DE COGNAC
1 L DE VIN ROUGE
5 CL D'HUILE D'OLIVE
1 C. À S. BOMBÉE DE FARINE
8 CL DE CRÈME DE CASSIS
50 CL DE FOND DE GIBIER OU DE FOND DE VEAU DÉSHYDRATÉ
4 PETITES POIRES À CHAIR FERME
30 G DE BEURRE
120 G DE GELÉE DE GROSEILLE
SEL, POIVRE DU MOULIN, BAIES ROSES

—

À DÉGUSTER

avec un chinon rouge

1 La veille, épluchez la carotte et l'oignon et coupez-les en petits morceaux. Coupez la viande en gros cubes et mettez-la dans un grand récipient avec l'oignon, la carotte, les baies de genièvre écrasées, le thym, le cognac, du sel et du poivre. Recouvrez le tout avec le vin rouge, puis couvrez avec un film alimentaire et mettez la préparation à mariner 24 heures au réfrigérateur.

2 Le jour même, égouttez la viande. Saisissez-la dans une cocotte avec l'huile. Saupoudrez-la de farine, laissez roussir 2 minutes sur feu vif puis versez le reste de la marinade (avec les légumes) en y ajoutant la crème de cassis. Portez à ébullition 5 minutes puis ajoutez le fond de gibier ou de veau. Couvrez la cocotte et laissez mijoter 2 heures 30 sur feu très doux, en remuant de temps en temps.

3 Épluchez et coupez les poires en deux. Faites-les dorer 5 minutes dans une poêle avec le beurre, puis parsemez-les de baies roses.

4 Sortez la viande de la cocotte puis filtrez la sauce dans un récipient. Remettez la sauce dans la cocotte, ajoutez la gelée de groseille, faites bouillir le tout 8 à 10 minutes sur feu vif pour obtenir une sauce légèrement épaisse. Remettez ensuite la viande dans la sauce, ajoutez les poires aux baies roses et laissez mijoter 15 minutes avant de servir.

5 Vous pouvez rajouter encore un peu de gelée de groseille dans la sauce au moment de servir. Accompagnez d'un gratin de cardons à l'emmental (voir page 86).

Daube de marcassin à l'orientale

Pour **4 personnes** / Préparation **30 min** / Marinade **6 h** / Cuisson **2 h 15**

800 G DE VIANDE DE MARCASSIN
2 GOUSSES D'AIL
2 OIGNONS JAUNES MOYENS
1 GROS PIMENT ROUGE
10 CL D'HUILE D'OLIVE + **1** C. À S.
1 C. À S. RASE DE POUDRE DE CUMIN
1 C. À S. DE GINGEMBRE FRAIS RÂPÉ
3 ORANGES BIO
60 CL DE VIN BLANC
1 C. À S. DE MIEL LIQUIDE
1 BOTTE DE CORIANDRE FRAÎCHE
SEL, POIVRE DU MOULIN

—

À DÉGUSTER

avec un cahors

1. Coupez la viande de marcassin en cubes de 2 cm environ. Épluchez et écrasez les gousses d'ail. Épluchez et émincez les oignons. Nettoyez, épépinez et hachez le piment. Mettez la viande dans un grand récipient avec 10 cl d'huile d'olive, le cumin en poudre, les gousses d'ail, les oignons, le piment, le gingembre, du sel et du poivre. Lavez deux oranges, zestez-les sur la viande puis pressez-les et mettez le jus d'orange dans le récipient avec les autres ingrédients. Mélangez. Couvrez le tout avec un film alimentaire et laissez-le mariner 6 heures au réfrigérateur.

2. Égouttez la viande et la garniture aromatique, tout en veillant à conserver le liquide de la marinade. Faites rissoler les morceaux de viande dans une grande cocotte 6 à 8 minutes sur feu vif. Ajoutez ensuite la garniture de la marinade (oignon, ail, piment, etc.) et laissez cuire 6 à 8 minutes sur feu moyen. Versez le liquide de la marinade dans la cocotte avec le vin blanc et portez à ébullition. Couvrez d'eau à hauteur, salez, poivrez, puis couvrez la cocotte et laissez mijoter 1 heure 45 à 2 heures sur feu doux en remuant régulièrement et en écumant la surface.

3. Lavez et coupez la troisième orange en huit quartiers. Faites griller les quartiers d'orange 2 minutes de chaque côté dans une poêle avec une cuillère à soupe d'huile d'olive. Ajoutez le miel dans la poêle et faites légèrement caraméliser les quartiers. Mettez-les dans la cocotte 15 minutes avant la fin de cuisson avec le caramel de la poêle.

4. En fin de cuisson de la daube, ajoutez la coriandre ciselée, mélangez et servez accompagné de chou rouge confit à l'orange (voir page 90).

ROUELLE DE SANGLIER AU VINAIGRE ET AUX OIGNONS GRELOTS

Pour **4 personnes** / Préparation **20 min** / Cuisson **2 h 45**

1,2 KG DE ROUELLE DE SANGLIER AVEC L'OS ET DE PRÉFÉRENCE FICELÉE
10 CL DE VINAIGRE DE CIDRE
2 C. À S. DE MIEL LIQUIDE
50 CL DE FOND DE VEAU
300 G DE PETITS OIGNONS GRELOTS AU VINAIGRE
1 BOUQUET DE THYM FRAIS
5 CL D'HUILE D'OLIVE
30 G DE BEURRE FROID
SEL, POIVRE DU MOULIN

À DÉGUSTER

avec un bandol rouge

1 Préchauffez le four à 160 °C (th. 5-6). Saisissez la rouelle dans l'huile d'olive 5 minutes de chaque côté dans une cocotte sur feu vif, jusqu'à ce qu'elle soit bien dorée. Salez et poivrez.

2 Retirez la rouelle de la cocotte. Baissez légèrement le feu et déglacez la cocotte avec le vinaigre. Ajoutez le miel, portez à ébullition, puis faites réduire de moitié. Versez ensuite le fond de veau dans la cocotte. Remettez la rouelle dans la cocotte, répartissez les oignons autour et ajoutez le thym. Couvrez la cocotte et enfournez pendant 2 heures 30 en tournant la viande à mi-cuisson.

3 Après avoir vérifié la cuisson de la viande (elle doit être moelleuse), sortez-la de la cocotte et laissez-la reposer sur une assiette.

4 Faites légèrement réduire le jus de cuisson sur feu doux, puis ajoutez le beurre en fouettant.

5 Remettez la viande dans la cocotte et servez aussitôt avec une purée de pommes de terre maison (voir page 84) ou de poireaux grillés (voir page 90).

TERRINE DE FOIE DE SANGLIER AU GENIÈVRE ET AUX HERBES DE PROVENCE

Pour **6-8 personnes** / Préparation **30 min** / Cuisson **2 h**

600 G DE FOIE DE SANGLIER
200 G D'ÉPAULE OU DE CUISSOT DE SANGLIER (VIANDE MAIGRE)
600 G DE POITRINE DE PORC
1 MORCEAU DE CRÉPINE DE 40 X 40 CM ENVIRON
2 C. À S. DE VINAIGRE D'ALCOOL
12 BAIES DE GENIÈVRE
1 GROSSE C. À S. D'HERBES DE PROVENCE SÉCHÉES
1 ŒUF
5 CL DE COGNAC
15 G DE SEL
10 G DE POIVRE

1 Mettez la crépine à tremper dans l'eau froide avec le vinaigre 10 minutes. Rincez-la, puis pressez-la entre vos mains. Chemisez une terrine de 20 x 8 cm environ avec la crépine.

2 Préchauffez le four à 170 °C (th. 5-6). Coupez les viandes en morceaux, puis hachez-les avec les graines de genièvre à l'aide d'une grille moyenne. Dans un récipient, mélangez la viande hachée avec les herbes de Provence, l'œuf, le cognac, le sel et le poivre.

3 Garnissez la terrine de ce mélange. Rabattez la crépine par-dessus en l'enfonçant bien sur les bords. Mettez ensuite la terrine à cuire 2 heures dans le four au bain-marie.

4 Sortez la terrine. Laissez-la refroidir, puis placez-la au réfrigérateur au moins 2 jours avant de la déguster. Servez avec du pain de campagne grillé, de la confiture d'oignons et des pickles d'oignons rouges (voir page 88)

À DÉGUSTER

avec un fitou

Rillettes de sanglier au madère

Pour **4-6 personnes** / Préparation **20 min** / Cuisson **4 h** / Réfrigération **12 h**

300 G DE VIANDE DE SANGLIER MAIGRE
250 G DE POITRINE DE PORC
250 G DE SAINDOUX
10 CL DE MADÈRE
2 FEUILLES DE LAURIER
2 BRANCHES DE THYM
SEL, POIVRE DU MOULIN

À DÉGUSTER

avec un saint-julien

1 Coupez les viandes de sanglier et de porc en petits morceaux.

2 Faites bouillir 15 cl d'eau dans une cocotte en fonte. À l'ébullition, ajoutez 150 g de saindoux, puis laissez fondre sur feu moyen. Ajoutez ensuite les morceaux de viande. Salez, poivrez et laissez rissoler doucement les morceaux de porc 10 minutes sur feu doux (ils ne doivent pas colorer). Couvrez d'eau à hauteur, ajoutez le thym et le laurier, fermez la cocotte et laissez mijoter 4 heures sur feu très doux, en mélangeant régulièrement et en rajoutant un peu d'eau si besoin. Éteignez le feu et laissez tiédir.

3 Dans une casserole, faites réduire de deux tiers le madère sur feu doux. Dans une autre casserole, faites fondre le reste du saindoux sur feu doux.

4 Égouttez la viande, qui doit maintenant être confite. Mettez-la dans un récipient et écrasez-la à l'aide d'une fourchette. Versez ensuite le saindoux et le madère dessus et mélangez vivement à l'aide d'une spatule en bois.

5 Mettez les rillettes dans un récipient propre et préalablement stérilisé de préférence. Couvrez avec un film alimentaire et laissez-les reposer au moins 12 heures avant de les déguster accompagnées de pain grillé.

TERRINE DE MARCASSIN AUX PRUNEAUX ET À L'ARMAGNAC

Pour **4-6 personnes** / Préparation **30 min** / Cuisson **1 h 45** / Réfrigération **2 jours**

500 G DE VIANDE DE MARCASSIN HACHÉE GROS
300 G DE GORGE DE PORC HACHÉE GROS
150 G DE FOIE DE MARCASSIN OU À DÉFAUT DE PORC, HACHÉ GROS
1 ŒUF
1 OIGNON MOYEN
150 G DE PRUNEAUX DÉNOYAUTÉS ET COUPÉS EN MORCEAUX
5 CL D'ARMAGNAC
1 C. À C. DE GINGEMBRE FRAIS RÂPÉ
1 BARDE DE PORC POUR CHEMISER LA TERRINE
10 CL DE GELÉE
10 G DE SEL
1 C. À C. RASE DE PIMENT D'ESPELETTE

À DÉGUSTER

avec un saint-joseph rouge ou un cahors

1. Préchauffez le four à 160 °C (th. 5-6). Mettez toutes les viandes hachées dans un grand récipient avec l'œuf, l'oignon haché, les morceaux de pruneaux, l'armagnac, le gingembre, le sel et le piment d'Espelette. Mélangez pendant 5 minutes avec vos mains pour obtenir une farce homogène.

2. Chemisez une terrine de 20 cm environ avec la barde. Remplissez largement la terrine de farce, rabattez la barde sur la farce et posez le couvercle dessus. Mettez la terrine à cuire 1 heure 15 au four au bain-marie.

3. Retirez le couvercle, faites cuire la terrine encore 30 minutes. Lorsque vous sortez la terrine, laissez-la refroidir puis placez-la une nuit au frais en posant une presse dessus.

4. Le lendemain, retirez la presse, retirez l'excédent de graisse, puis faites couler un peu de gelée sur le dessus. Placez de nouveau la terrine au frais et laissez-la reposer au moins 2 jours avant de la déguster. Servez la terrine avec un pain aux noix ou un pain aux céréales et des pickles d'oignons rouges (voir page 88)

Terrine de campagne au sanglier

Pour **6-8 personnes** / Préparation **20 min** / Cuisson **2 h 30** / Repos **12 h**

400 G D'ÉPAULE DE SANGLIER HACHÉ
200 G DE GORGE DE SANGLIER HACHÉ
100 G DE FOIE DE SANGLIER HACHÉ
300 G DE POITRINE DE PORC HACHÉE
1 GRAND MORCEAU DE CRÉPINE
1 C. À S. DE VINAIGRE D'ALCOOL
2 TRANCHES DE PAIN DE MIE SANS LA CROÛTE
8 CL DE LAIT
1 OIGNON
1 ŒUF
5 CL DE CALVADOS
15 G DE SEL
1 C. À S. RASE DE POIVRE MOULU
10 CL DE GELÉE

—

À DÉGUSTER

avec un madiran

1. Préchauffez le four à 160 °C (th. 5-6). Faites tremper la crépine dans un grand bol d'eau froide avec le vinaigre. Faites également tremper le pain de mie dans un bol avec le lait. Épluchez et hachez finement l'oignon.
2. Dans un grand saladier, mélangez à la main toutes les viandes hachées avec le pain imbibé de lait, l'oignon, l'œuf, le calvados, le sel et le poivre. La farce doit être homogène.
3. Rincez et égouttez la crépine en la pressant entre vos mains, puis tapissez-en une terrine de 18 x 10 cm. Ajoutez la farce et rabattez la crépine par-dessus. Couvrez la terrine avec son couvercle et faites-la cuire 2 heures dans le four au bain-marie.
4. Retirez le couvercle et prolongez la cuisson de 30 minutes.
5. Sortez la terrine et laissez-la tiédir. Placez une planche de la taille de la terrine dessus, puis, par-dessus, un poids de 2 kg. Laissez refroidir complètement avant de la placer 12 heures au frais.
6. Le lendemain, retirez la presse, nettoyez les bords de la terrine, puis versez la gelée préalablement réchauffée. Placez à nouveau la terrine au frais.
7. Si possible, attendez au moins 2 jours avant de déguster la terrine, elle n'en sera que meilleure. Accompagnez-la d'une tranche de pain de campagne, de cornichons, de pickles de légumes ou de confiture d'oignons (voir page 88).

TERRINE DE SANGLIER AUX TROMPETTES ET AUX NOISETTES

Pour **6-8 personnes** / Préparation **30 min** / Cuisson **2 h** / Repos **3 jours**

500 G DE VIANDE DE SANGLIER MAIGRE HACHÉE GROS
300 G DE GORGE DE PORC HACHÉE GROS
150 G DE FOIE DE PORC OU DE SANGLIER HACHÉ GROS
150 G DE TROMPETTES-DES-MORTS FRAÎCHES
1 OIGNON
2 GOUSSES D'AIL
2 C. À S. D'HUILE DE NOIX
1 ŒUF
100 G DE NOISETTES ENTIÈRES
5 CL DE PORTO OU DE MADÈRE
1 BARDE DE PORC
10 CL DE GELÉE
SEL, POIVRE DU MOULIN

À DÉGUSTER

avec un pomerol

1 Préchauffez le four à 160 °C (th. 5-6). Nettoyez et lavez les trompettes. Épluchez et hachez finement l'oignon et l'ail.

2 Faites revenir les trompettes dans l'huile de noix 3 à 4 minutes dans une poêle sur feu moyen. Salez et poivrez. Égouttez-les dans une passoire, puis hachez-les grossièrement.

3 Dans un grand récipient, mélangez les viandes, l'œuf, l'oignon, l'ail, les noisettes, le porto et les trompettes. Ajoutez 15 g de sel et 10 g de poivre. Mélangez pendant 5 minutes à la main pour obtenir une farce homogène.

4 Chemisez une terrine avec la barde. Remplissez largement la terrine de farce, puis rabattez la barde par-dessus. Refermez la terrine avec son couvercle et mettez-la à cuire 1 heure 30 dans le four au bain-marie.

5 Retirez le couvercle de la terrine et poursuivez la cuisson pendant 30 minutes.

6 Sortez la terrine. Laissez-la refroidir, puis déposez une presse dessus. Placez le tout au frais pendant une nuit.

7 Le lendemain, retirez la presse. Nettoyez les bords de la terrine pour retirer l'excédent de graisse et versez la gelée. Replacez la terrine au frais et laissez-la reposer au moins 2 jours avant de la déguster. Accompagnez de confiture d'oignons et de pickles d'oignons rouges (voir page 88).

Terrine de sanglier au pain d'épices

Pour **6-8 personnes** / Préparation **40 min** / Marinade **6 h** / Cuisson **2 h** / Repos **3 jours**

600 G DE VIANDE DE SANGLIER MAIGRE HACHÉ GROS
150 G DE FOIE DE SANGLIER OU DE PORC HACHÉ GROS
100 G DE GORGE DE PORC HACHÉ GROS
200 G DE LARD DE PORC HACHÉ GROS
4 TRANCHES DE PAIN D'ÉPICES SANS LA CROÛTE
10 CL DE LAIT
3 ÉCHALOTES
1 GOUSSE D'AIL
5 CL DE VIN BLANC
5 CL DE COGNAC
1 C. À C. BOMBÉE DE POUDRE DE QUATRE-ÉPICES
½ C. À C. DE CANNELLE
1 MORCEAU DE CRÉPINE DE 40 X 40 CM
2 C. À S. DE VINAIGRE D'ALCOOL
1 GROSSE C. À S. DE CRÈME FRAÎCHE
1 ŒUF
12 GROS PRUNEAUX DÉNOYAUTÉS
SEL, POIVRE DU MOULIN

À DÉGUSTER

avec un collioure rouge

1 Épluchez et hachez les échalotes et l'ail.

2 Dans un grand récipient, mélangez les viandes hachées, l'ail, les échalotes, le vin blanc, le cognac, le quatre-épices et la cannelle. Ajoutez 15 g de sel et 10 g de poivre. Couvrez de film alimentaire et placez 6 heures au réfrigérateur.

3 Faites tremper la crépine de porc dans un récipient d'eau froide avec le vinaigre pendant 10 minutes. Rincez-la, puis pressez-la entre vos mains. Faites tremper le pain d'épices dans le lait.

4 Sortez la viande de la marinade ou retirez la marinade. Ajoutez la crème fraîche, le pain d'épices imbibé de lait et l'œuf. Mélangez vivement à la main pour obtenir une farce homogène.

5 Préchauffez le four à 160 °C (th. 5-6). Tapissez le fond et les bords d'une terrine de 20 x 8 cm environ avec la crépine, en la laissant dépasser sur les bords. Garnissez de farce, puis rabattez la crépine par-dessus. Couvrez la terrine avec son couvercle et mettez-la à cuire 1 heure 30 au four au bain-marie.

6 Retirez le couvercle de la terrine. Augmentez la température à 170 °C (si possible) et laissez cuire encore 30 minutes. Sortez la terrine, retirez-la du bain-marie et laissez-la refroidir.

7 Posez une presse sur la terrine, puis placez-la 12 heures au réfrigérateur.

8 Retirez la presse et laissez reposer encore 2 jours au réfrigérateur. Vous pouvez verser un filet de gelée sur la terrine pour un aspect plus brillant. Dégustez accompagné d'une confiture d'oignons et de pickles d'oignons rouges (voir page 88).

ACCOMPAGNEMENTS

GRATIN DE POMMES DE TERRE AU PERSIL

Pour **4 personnes** / Préparation **20 min** / Cuisson **40 min**

800 G DE POMMES DE TERRE / **3** GOUSSES D'AIL / **1** BOUQUET DE PERSIL / **50** CL DE LAIT / **30** CL DE CRÈME LIQUIDE ENTIÈRE / **½** C. À C. DE NOIX DE MUSCADE / SEL, POIVRE DU MOULIN

1 Préchauffez le four à 220 °C (th. 7-8). Épluchez et hachez les gousses d'ail. Épluchez et lavez les pommes de terre. Lavez et hachez le persil. Coupez les pommes de terre en tranches de 3 à 4 mm d'épaisseur, à l'aide d'une mandoline ou au couteau. Mettez-les dans une casserole avec le lait, la crème, l'ail haché, la noix muscade ; salez et poivrez. Portez doucement à ébullition et laissez mijoter 20 minutes sur feu moyen en remuant régulièrement avec une spatule pour éviter de faire brûler le fond de la casserole.

2 Vérifiez la cuisson des pommes de terre en enfonçant la lame d'un couteau dedans ; les pommes de terre doivent rester légèrement fermes.

3 Ajoutez le persil haché dans la casserole, mélangez, égouttez les pommes de terre à l'aide d'une écumoire (de façon à garder le lait de cuisson) et mettez-les dans un plat à gratin. Couvrez les pommes de terre avec la crème et le lait de cuisson.

4 Enfournez le plat à gratiner pendant 15 à 20 minutes.

5 Servez aussitôt sorti du four.

GRATIN DE BLETTES AU VIEUX COMTÉ

Pour **4 personnes** / Préparation **20 min** / Cuisson **45 min**

1 BELLE BOTTE DE BLETTES / **10** G DE BEURRE / **160** G DE VIEUX COMTÉ / **10** CL DE LAIT / **30** CL DE CRÈME LIQUIDE ENTIÈRE / SEL, POIVRE DU MOULIN

1 Préchauffez le four à 180 °C (th. 6). Nettoyez les blettes, retirez la plus grosse partie des feuilles, laissez uniquement la partie la plus près des tiges, puis coupez les tiges en tronçons de 3 cm environ.

2 Faites-les cuire 20 minutes dans une grande casserole d'eau bouillante salée. Une fois cuites, égouttez-les à l'aide d'une passoire.

3 Beurrez un plat à gratin et répartissez les blettes cuites dedans. Râpez le comté dans un bol. Faites bouillir le lait et la crème dans une casserole. Ajoutez la moitié du comté, salez, poivrez et mélangez rapidement hors du feu pour faire fondre le comté. Versez le mélange sur les blettes. Répartissez le reste de comté sur les blettes et enfournez le gratin pendant 20 à 25 minutes.

4 Servez le gratin aussitôt sorti du four.

GRATIN DE POMMES DE TERRE AU PERSIL
GRATIN DE BLETTES AU VIEUX COMTÉ

COMPOTÉE D'AUBERGINES ET DE TOMATES CERISES

Pour **4 personnes** / Préparation **15 min** / Cuisson **40 min**

400 G D'AUBERGINES / **200** G DE TOMATES CERISES / **1** OIGNON MOYEN / **1** C. À S. DE CÂPRES / **8** CL D'HUILE D'OLIVE / **5** CL DE VINAIGRE DE CIDRE / **1** C. À C. DE SUCRE / **1** BRANCHE DE THYM / SEL, POIVRE DU MOULIN

1. Lavez les tomates cerises, puis coupez-les en deux si elles sont grosses. Lavez et coupez l'aubergine en petits cubes. Épluchez et hachez l'oignon. Hachez grossièrement les câpres.
2. Faites fondre l'oignon dans l'huile d'olive 5 minutes dans une sauteuse sur feu moyen. Ajoutez les aubergines, faites-les sauter 10 minutes sur feu moyen en les remuant régulièrement. Ajoutez le vinaigre, le sucre, les tomates, les câpres, le thym, 10 cl d'eau, du sel et du poivre.
3. Laissez compoter 20 à 25 minutes sur feu moyen en remuant délicatement et régulièrement. Servez chaud ou froid.

ÉCRASÉ DE POMMES DE TERRE À L'HUILE D'OLIVE

Pour **4 personnes** / Préparation **30 min** / Cuisson **20 min**

800-900 G DE POMMES DE TERRE BINTJE / **60** G DE PARMESAN / **15** CL D'HUILE D'OLIVE / **15** CL DE LAIT / SEL, POIVRE DU MOULIN

1. Épluchez, lavez et coupez les pommes de terre en morceaux. Placez-les dans une grande casserole d'eau froide salée, portez à ébullition et faites-les cuire pendant 20 minutes.
2. Pendant ce temps, râpez le parmesan. Faites tiédir l'huile d'olive et le lait dans une casserole.
3. Égouttez les pommes de terre cuites dans une passoire. Mettez-les dans un récipient et écrasez-les grossièrement à l'aide d'une fourchette. Ajoutez le lait puis l'huile d'olive chaude petit à petit. Ajoutez le parmesan, du sel et du poivre. Mélangez rapidement et servez aussitôt.

COMPOTÉE D'AUBERGINES
ET DE TOMATES CERISES
ÉCRASÉ DE POMMES DE
TERRE À L'HUILE D'OLIVE

Purée de céleri

Pour **4 personnes** / Préparation **15 min** / Cuisson **35 min**

750 G DE CÉLERI-RAVE / **150** G DE BEURRE / **1** C. À C. DE SEL DE CÉLERI / SEL, POIVRE DU MOULIN

1 Épluchez, lavez et coupez le céleri en morceaux. Faites-le cuire 30 à 35 minutes dans une casserole d'eau bouillante avec le sel de céleri. Vérifiez la cuisson du céleri en enfonçant la pointe d'un couteau dedans : le céleri doit être tendre. Une fois cuit, utilisez une passoire et laissez-le s'égoutter 5 minutes.

2 Mettez ensuite le céleri dans la cuve d'un robot ou d'un blender avec le beurre en morceaux légèrement mous, salez et poivrez. Mixez le tout quelques minutes pour obtenir une purée lisse et onctueuse.

Purée de pommes de terre

Pour **4 personnes** / Préparation **20 min** / Cuisson **25 min**

1 KG DE POMMES DE TERRE / **20** CL DE LAIT / **120** G DE BEURRE / **3** C. À S. DE CRÈME FRAÎCHE ÉPAISSE / SEL, POIVRE DU MOULIN

1 Épluchez, lavez et coupez les pommes de terre en morceaux. Faites-les cuire 20 à 25 minutes dans de l'eau salée froide. Une fois cuites, utilisez une passoire et laissez-les s'égoutter 5 minutes avant de les passer au presse-purée.

2 Faites chauffer le lait dans une casserole. Ajoutez le lait bouillant dans la purée avec le beurre en morceaux, la crème, salez et poivrez. Mélangez vivement à l'aide d'une spatule.

3 Gardez la purée au chaud au bain-marie jusqu'au moment de servir.

4 Pour une purée parfaite, après avoir passé les pommes de terre au presse-purée, passez-les dans un tamis fin avant d'ajouter les autres ingrédients.

Purée de panais au wasabi

Pour **4 personnes** / Préparation **15 min** / Cuisson **30 min**

750 G DE PANAIS / **1** CUBE DE BOUILLON DE LÉGUMES / **140** G DE BEURRE MOU / **1** C. À C. BOMBÉE DE WASABI / SEL

1 Épluchez, lavez et coupez les panais en petits morceaux. Faites-les cuire 30 minutes dans une casserole d'eau bouillante salée avec le cube de bouillon de légumes.

2 Une fois cuits, égouttez-les, mettez-les dans un récipient et mixez-les avec le beurre coupé en petits morceaux, le wasabi et du sel, à l'aide d'un mixer plongeant afin d'obtenir une purée onctueuse.

3 Gardez la purée au chaud au bain-marie ou servez aussitôt.

PURÉE DE CÉLERI
PURÉE DE POMMES DE TERRE
PURÉE DE PANAIS AU WASABI

Gratin de cardons à l'emmental

Pour **4 personnes** / Préparation **20 min** / Cuisson **1 h 15**

1 KG DE CARDONS / LE JUS DE **½** CITRON / **20** G DE BEURRE (POUR LE PLAT) / **30** CL DE CRÈME LIQUIDE / **100** G D'EMMENTAL RÂPÉ / SEL, POIVRE

1 Préparez les cardons : nettoyez-les, retirez les feuilles et taillez les tiges en tronçons de 5 cm de long environ.

2 Faites-les cuire 45 minutes dans une grande casserole d'eau bouillante salée additionnée du jus de citron.

3 Pendant ce temps, préchauffez le four à 180 °C (th. 6) et beurrez généreusement un plat à gratin.

4 Égouttez les cardons dans une passoire. Répartissez les cardons dans le plat, puis versez la crème par-dessus. Salez, poivrez et parsemez d'emmental râpé.

5 Enfournez pendant 25 minutes. Allumez le gril et prolongez la cuisson de 5 minutes pour bien faire gratiner la surface.

Gratin de courgettes au parmesan

Pour **4 personnes** / Préparation **30 min** / Cuisson **40 min**

600 G DE COURGETTES / **5** CL D'HUILE D'OLIVE / **2** ŒUFS / **15** CL DE CRÈME LIQUIDE / **15** CL DE LAIT / **120** G DE PARMESAN RÂPÉ / **15** G DE BEURRE (POUR LE PLAT) / SEL, POIVRE DU MOULIN

1 Préchauffez le four à 180 °C (th. 6). Lavez les courgettes et coupez-les en rondelles. Faites-les sauter dans l'huile d'olive 5 minutes dans une poêle sur feu vif. Salez et poivrez.

2 Dans un récipient, battez les œufs avec la crème et le lait. Salez et poivrez.

3 Beurrez un plat à gratin et disposez-y les courgettes. Versez la préparation à l'œuf, puis ajoutez le parmesan en couvrant bien toute la surface. Enfournez pendant 40 minutes, jusqu'à ce que la surface soit bien gratinée.

GRATIN DE CARDONS
À L'EMMENTAL

GRATIN DE COURGETTES
AU PARMESAN

CONFITURE D'OIGNONS À LA CRÈME DE CASSIS

Pour **un pot de confiture de 300 g environ** / Préparation **15 min** / Cuisson **2 h**

250 G D'OIGNONS BLANCS / **150** G DE SUCRE / **10** CL DE CRÈME DE CASSIS / **40** CL DE VIN ROUGE / SEL, POIVRE DU MOULIN

1 Épluchez et émincez les oignons. Mettez-les dans une casserole avec tous les ingrédients, salez, poivrez. Mélangez, portez à ébullition et laissez mijoter 2 heures sur feu très doux en remuant de temps en temps. Ajoutez un peu de vin rouge si nécessaire pendant la cuisson si la confiture épaissit trop.

2 Laissez refroidir la confiture, puis versez-la dans un bocal. Vous pouvez conserver la confiture plusieurs semaines au réfrigérateur.

PICKLES

Pour **un grand bocal de pickles** / Préparation **20 min** / Marinade **7 jours**

2 OIGNONS ROUGES / **2** PETITES COURGETTES / **25** CL DE VINAIGRE BLANC / **15** G DE SEL / **30** G DE SUCRE / **8** GRAINS DE POIVRE NOIR

1 Épluchez et émincez grossièrement les oignons. Lavez et coupez les courgettes en rondelles. Intercalez les oignons et les rondelles de courgettes dans un bocal avec les grains de poivre.

2 Mettez le reste des ingrédients dans une casserole avec 25 cl d'eau froide, mélangez et après ébullition, laissez mijoter 5 minutes sur feu moyen.

3 Versez le mélange bouillant sur les légumes. Fermez le bocal avec un couvercle hermétique, retournez-le sur le plan de travail et laissez refroidir.

4 Laissez le bocal 2 jours à l'extérieur puis placez-le ensuite au réfrigérateur au moins 5 jours avant de consommer les pickles.

5 Vous pouvez remplacer les courgettes par du chou-fleur ou des radis.

PICKLES
CONFITURE D'OIGNONS
À LA CRÈME DE CASSIS

POIREAUX GRILLÉS

Pour **4 personnes** / Préparation **10 min** / Cuisson **30 min**

8 PETITS POIREAUX NOUVEAUX / **8** CL D'HUILE D'OLIVE / SEL, POIVRE DU MOULIN

1 Nettoyez les poireaux en retirant bien le vert. Sur chaque poireau, faites 4 entailles de 3 mm d'épaisseur sur toute la longueur.

2 Déposez les poireaux sur un gril en fonte ou dans une poêle, et allumez le feu. Badigeonnez-les d'huile à l'aide d'un pinceau, salez et poivrez. Faites-les cuire 30 à 40 minutes (selon leur diamètre) sur feu doux, en les tournant et en les badigeonnant d'huile régulièrement.

3 Vérifiez la cuisson en enfonçant la pointe d'un couteau (elle doit s'enfoncer facilement). Les poireaux doivent être tendres tout en restant légèrement croquants.

4 Servez chaud ou froid, avec un trait d'huile et de vinaigre de vin ou balsamique.

CHOU ROUGE CONFIT À L'ORANGE

Pour **4 personnes** / Préparation **10 min** / Cuisson **45 min**

600 G DE CHOU ROUGE / **60** G DE BEURRE / **1** C. À S. DE MIEL / **15** CL DE JUS D'ORANGE / SEL, POIVRE DU MOULIN

1 Retirez le cœur du chou et émincez-le finement.

2 Faites-le fondre dans le beurre 10 minutes dans une cocotte sur feu moyen. Ajoutez le miel, le jus d'orange, 10 cl d'eau, du sel et du poivre. Poursuivez la cuisson pendant 30 minutes sur feu moyen en remuant régulièrement.

CHOU ROUGE
CONFIT À L'ORANGE
POIREAUX GRILLÉS

Potiron rôti à l'ail et au miel

Pour **4 personnes** / Préparation **15 min** / Cuisson **25 min**

1 PETIT POTIRON D'ENVIRON 800 G / **2** C. À S. DE MIEL LIQUIDE / **10** CL D'HUILE D'OLIVE / **2** PINCÉES DE CANNELLE / **1** TÊTE D'AIL / SEL, POIVRE DU MOULIN

1 Préchauffez le four à 190 °C (th. 6-7). Coupez le potiron en tranches de 2 à 3 cm.

2 Faites tiédir le miel dans une petite casserole. Mélangez le miel avec l'huile d'olive, la cannelle, du sel et du poivre.

3 Déposez les tranches de potiron sur une plaque de four recouverte d'une feuille de papier sulfurisé et badigeonnez-les avec le mélange au miel. Répartissez les gousses d'ail non épluchées autour des tranches, salez, poivrez, puis placez la plaque dans le four et faites cuire 20 à 25 minutes.

4 Servez aussitôt sorti du four.

Poêlée de champignons aux marrons

Pour **4 personnes** / Préparation **25 min** / Cuisson **15 min**

600 G DE CHAMPIGNONS DE PARIS / **1** GROSSE ÉCHALOTE / **1** PETIT BOUQUET DE PERSIL / **30** G DE BEURRE / **1** C. À S. D'HUILE DE TOURNESOL / **150** G DE MARRONS / SEL, POIVRE DU MOULIN

1 Lavez les champignons, coupez-les en petits morceaux. Épluchez et hachez finement l'échalote. Lavez et ciselez le persil.

2 Faites fondre le beurre avec l'huile dans une grande poêle sur feu vif. Ajoutez les champignons et faites-les sauter 5 minutes, puis ajoutez l'échalote ciselée. Faites-les cuire encore 5 minutes sur feu vif, salez, poivrez. Ajoutez les marrons grossièrement hachés et le persil, mélangez, laissez cuire 2 minutes et servez.

POTIRON RÔTI À L'AIL ET AU MIEL

POÊLÉE DE CHAMPIGNONS AUX MARRONS

REMERCIEMENTS

L'éditeur remercie les établissements Mary Volailles qui lui ont fourni l'ensemble du gibier pour la réalisation des recettes de l'ouvrage et tient à souligner leur excellente qualité.

MARY VOLAILLES

Parc d'Archevilliers
17 Rue Hélène Boucher
28630 Gellainville
Tél. : 02 37 35 65 04

Éditions du Gerfaut
6-8, rue du docteur Maunoury
28000 Chartres
www.editionsdugerfaut.com

Toutes les photographies sont de Pierre-Louis Viel.
Création graphique et mise en pages : Claire Mieyeville pour Lunedit
Suivi éditorial : lunedit.com

Dépôt légal : septembre 2019
ISBN : 978-2-35191-207-2

Les éditions du Gerfaut bénéficient du soutien de la Région Centre-Val de Loire, de l'État (DRAC Centre-Val de Loire) et de Ciclic Centre-Val de Loire.

Imprimé en Espagne.